AF199138

Impressum
Verlag: BABADADA GmbH, Nedderfeld 112 , 22529 Hamburg
Geschäftsführer / Verlagsleitung: Harald Hof
Druck: Books on Demand GmbH, In de Tarpen 42, 22848 Norderstedt

Imprint
Publisher: BABADADA GmbH, Nedderfeld 112 , 22529 Hamburg, Germany
Managing Director / Publishing direction: Harald Hof
Print: Books on Demand GmbH, In de Tarpen 42, 22848 Norderstedt, Germany

# škola

# בית ספר

učionica
כיתה
dijeliti
חילק
186/2
ploča
לוח
školsko dvorište
učitelj
מורה
papir
נייר
pisati
כתב
kemijska olovka
עט
pisaći stol
שולחן עבודה
ravnalo
סרגל
knjiga
ספר
učenik
תלמיד

torba

ילקוט

pernica

קלמר

grafitna olovka

עיפרון

šiljilo za olovke

מחדד

gumica za brisanje

גומי מחיקה

blok za crtanje

חוברת סרטוט

crtež

סרטוט

kist

מברשת

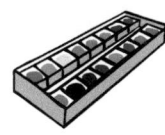

kutija s bojama

קופסת צבעים

makaze

מספריים

ljepilo

דבק

bilježnica

ספר תרגול

domaći zadatak

שיעור בית

**12**

broj

מספר

**2+2**

sabirati

חיבר

**5-2**

oduzimati

חיסר

**2×2**

množiti

הכפיל

računati

חישב

**A**

slovo

אות

ABCDEFG
HIJKLMN
OPQRSTU
VWXYZ

abeceda

אלפבית

riječ

מילה

tekst

טקסט

čitati

קרא

kreda

גיר

sat

שיעור

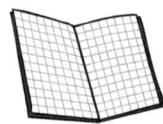

dnevnik

יומן נוכחות

ispit

מבחן

svjedodžba

תעודה

školska uniforma

תלבושת בית ספר

obrazovanje

חינוך

leksikon

אנציקלופדיה

sveučilište

אוניברסיטה

mikroskop

מיקרוסקופ

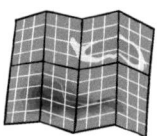

karta

מפה

košara za papir

סל נייר

# putovanje

## נסיעה

hotel
מלון
prenoćište
הוסטל
mjenjačnica
המרת מטבע
kofer
מזוודה
auto
אוטו

jezik

שפה

da / ne

כן / לא

okay

בסדר

zdravo

שלום

prevoditelj

מתרגם

hvala

תודה

Koliko košta...?

כמה עולה.....?

ne razumijem

אני לא מבין

problem

בעיה

dobro veče!

ערב טוב!

Dobro jutro!

בוקר טוב!

Laku noć!

לילה טוב!

doviđenja

להתראות

smjer

כיוון

prtljaga

כבודה

torba

תיק

ruksak

תרמיל גב

gost

אורח

soba

חדר

vreća za spavanje

שק שינה

šator

אוהל

turističke informacije

מרכז מידע לתיירים

plaža

חוף ים

kreditna kartica

כרטיס אשראי

doručak

ארוחת בוקר

ručak

ארוחת צהריים

večera

ארוחת ערב

karta za vožnju

כרטיס

dizalo

מעלית

poštanska markica

בול

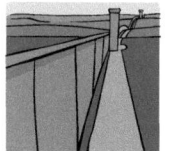

granica

גבול

carina

מכס

ambasada

שגרירות

viza

אשרה

putovnica

דרכון

# transport
# תחבורה

zrakoplov
מטוס
brod
אונייה
vatrogasno vozilo
כבאית
autobus
אוטובוס
teretno vozilo
משאית
motorni čamac
סירת מנוע
biciklo
אופניים
auto
אוטו

trajekt
מעבורת

čamac
סירה

motocikl
אופנוע

policijski auto
ניידת משטרה

trkaći auto
מכונית מרוץ

iznajmljeno auto
רכב שכור

dijeljenje automobila

מכוניות בשיתוף

vučno vozilo

אוטו גרר

vozilo za odvoz smeća

משאית זבל

motor

מנוע

benzin

דלק

benzinska postaja

תחנת דלק

prometni znak

תמרור

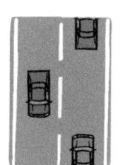

promet

תנועה

zastoj

פקק תנועה

parkiralište

חניה

kolodvor

תחנת רכבת

šine

פסי רכבת

vlak

רכבת

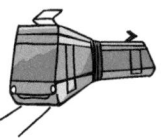

tramvaj

רכבת קלה

vagon

קרון

helikopter

מסוק

zrakoplovna luka

שדה-תעופה

toranj

מגדל

putnik

נוסע

kontejner

קונטיינר

karton

קרטון

kolica

עגלה

košara

סל

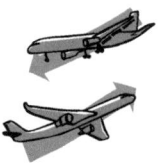

uzletjeti / sletjeti

המראה / נחיתה

## grad

## עיר

selo

כפר

centar grada

מרכז העיר

kuća

בית

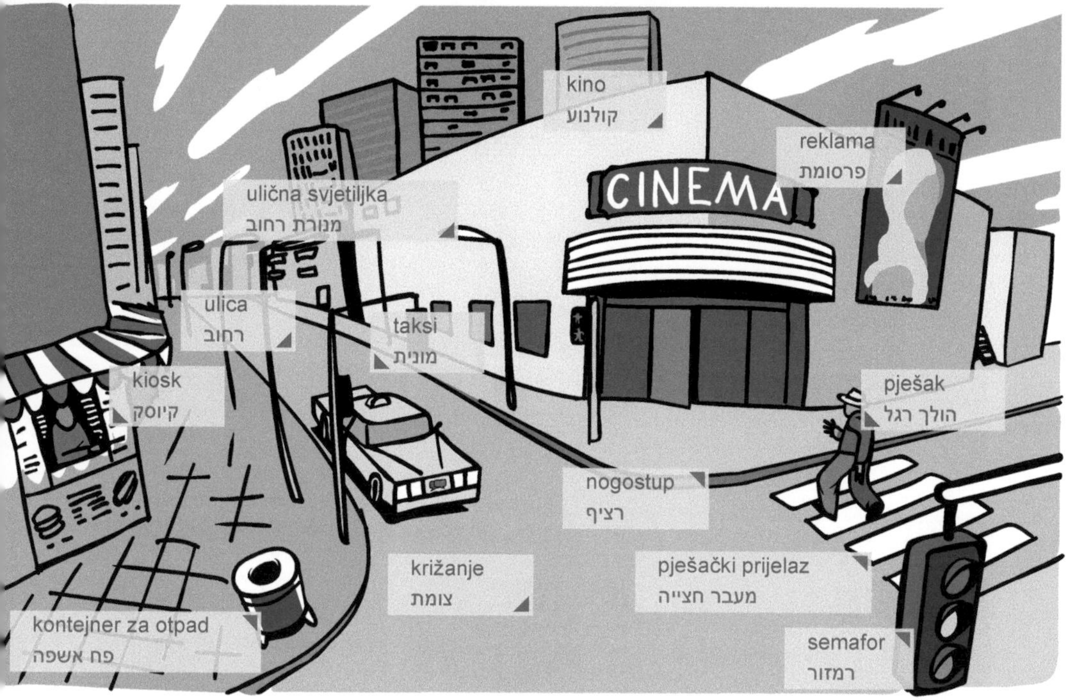

CINEMA
kino
קולנוע
reklama
פרסומת
ulična svjetiljka
מנורת רחוב
ulica
רחוב
taksi
מונית
kiosk
קיוסק
pješak
הולך רגל
nogostup
רציף
križanje
צומת
pješački prijelaz
מעבר חצייה
kontejner za otpad
פח אשפה
semafor
רמזור

koliba

בקתה

stan

דירה

kolodvor

תחנת רכבת

vijećnica

עירייה

muzej

מוזיאון

škola

בית ספר

sveučilište

אוניברסיטה

banka

בנק

bolnica

בית חולים

hotel

מלון

ljekarna

בית מרקחת

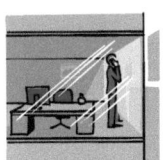

ured

משרד

knjižara

חנות ספרים

prodavaonica

חנות

cvjećara

חנות פרחים

supermarket

סופרמרקט

trg

שוק

robna kuća

כל-בו

ribarnica

מוכר דגים

trgovački centar

קניון

luka

נמל

park

פארק

klupa

ספסל

most

גשר

stepenice

מדרגות

podzemna željeznica

רכבת תחתית

tunel

מנהרה

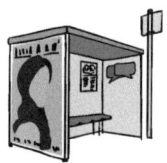

autobusna stanica

תחנת אוטובוס

bar

בר

restoran

מסעדה

poštansko sanduče

תא דואר

ulični znak

שלט רחוב

parkirni sat

מדחן

zoološki vrt

גן חיות

bazen

בריכת שחיה

džamija

מסגד

seosko gazdinstvo

חווה

zagađenje okoliša

זיהום

groblje

בית עלמין

crkva

כנסייה

igralište

מגרש משחקים

hram

בית מקדש

# krajolik

## נוף

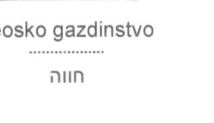

list
עלה

putokaz
תמרור

put
דרך

livada
מרעה

kamen
אבן

drvo
עץ

šetač
מטייל

rijeka
נהר

trava
דשא

cvijet
פרח

dolina

בקעה

planina

הר

jezero

אגם

šuma

יער

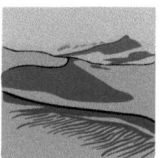

pustinja

מדבר

vulkan

הר געש

dvorac

טירה

duga

קשת בענן

gljiva

פטריה

palma

דקל

moskito

יתוש

muha

זבוב

mrav

נמלה

pčela

דבורה

pauk

עכביש

buba

חיפושית

žaba

צפרדע

vjeverica

סנאי

jež

קיפוד

zec

ארנב

sova

ינשוף

ptica

ציפור

labud

ברבור

divlja svinja

חזיר בר

jelen

צבי

los

אייל הקורא

nasip

סכר

vjetrenjača

טורבינת רוח

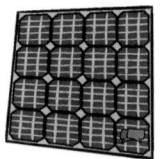

solarna ploča

פנל סולארי

klima

אקלים

konobar
מלצר

jelovnik
תפריט

stolica
כסא

supa
מרק

pica
פיצה

pribor za jelo
סכו"ם

stolnjak
מפת שולחן

**predjelo**

מנת פתיחה

**glavno jelo**

מנה עיקרית

**desert**

קינוח

**napitci**

שתיות

**jelo**

אוכל

**boca**

בקבוק

fastfood

מזון מהיר

imbis hrana

אוכל רחוב

čajnik

קנקן תה

doza za šećer

מסכרת

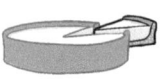

porcija

מנה

aparat za espresso

מכונת אספרסו

visoka stolica

כסא תינוק

račun

חשבון

pladanj

מגש

nož

סכין

vilica

מזלג

žlica

כף

čajna žlica

כפית

ubrus

מפית

čaša

כוס

tanjur

צלחת

tanjur za supu

קערת מרק

tanjurić

תחתית

sos

רוטב

soljenka

מלחייה

mlin za biber

מטחנת פלפל

ocat

חומץ

ulje

שמן

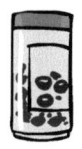

začini

תבלינים

kečap

קטשופ

senf

חרדל

majoneza

מיונז

# supermarket

## סופרמרקט

ponuda
מבצע
kupac
לקוח
mliječni proizvodi
מוצרי חלב
voće
פירות
kolica za kupnju
עגלת קניות

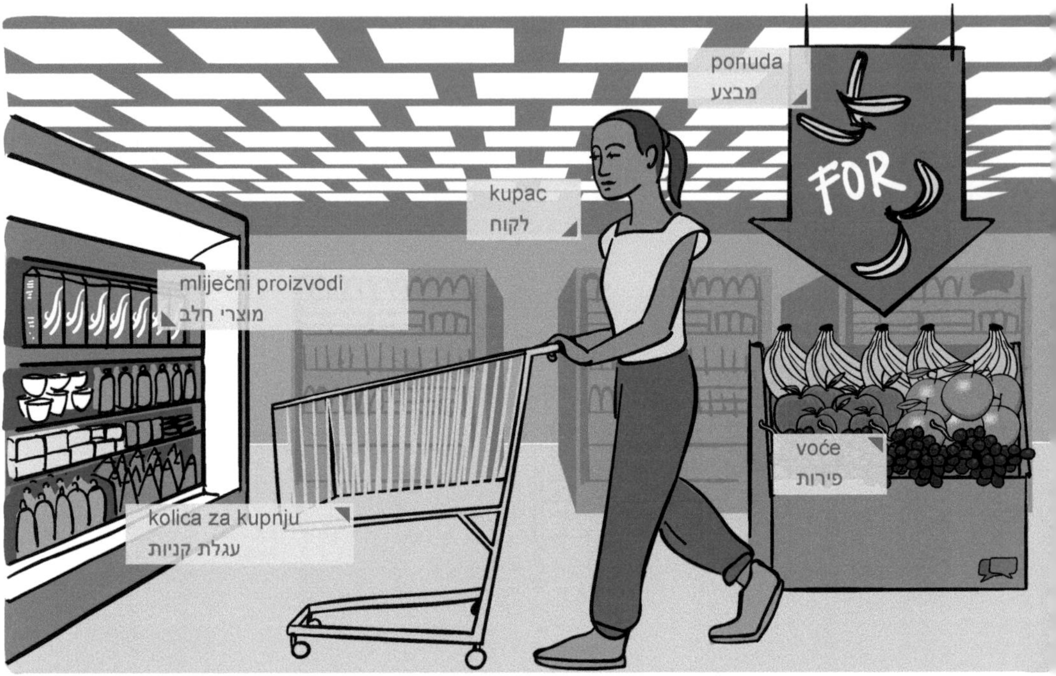

mesnica

אטליז

pekarnica

מאפייה

vagati

שקל

povrće

ירקות

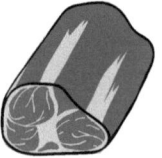

meso

בשר

duboko smrznuta hrana

מזון קפוא

narezak

בשר קר

konzerve

שימורים

sredstvo za pranje

אבקת כביסה

slatkiši

ממתקים

artikli za domaćinstvo

מוצרי בית

sredstva za čišćenje

חומר ניקוי

prodavačica

מוכרת

blagajna

קופה

blagajnik

קופאי

lista za kupnju

רשימת קניות

vrijeme rada

שעות פתיחה

novčanik

ארנק

kreditna kartica

כרטיס אשראי

torba

תיק

plastična vrećica

שקית נילון

# napitci

## שתיות

voda

מים

sok

מיץ

mlijeko

חלב

cola

קולה

vino

יין

pivo

בירה

alkohol

אלכוהול

kakao

קקאו

čaj

תה

kava

קפה

espresso

אספרסו

cappuccino

קפוצ'ינו

banana

בננה

jabuka

תפוח

naranča

תפוז

lubenica

אבטיח

limun

לימון

mrkva

גזר

češnjak

שום

bambus

במבוק

luk

בצל

gljiva

פטריות

orašasti plodovi

אגוזים

rezanci

אטריות

špagete

ספגטי

riža

אורז

salata

סלט

pomfrit

צ'יפס

pečeni krumpir

צ'יפס

pica

פיצה

hamburger

המבורגר

sendvič

כריך

šnicla

שניצל

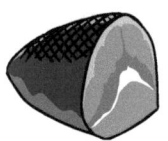

pršut

שינקין

salama

סלאמי

kobasica

נקניקיה

kokoš

עוף

pečenje

טיגון

riba

דג

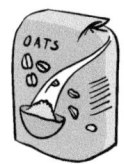

zobene pahuljice

שיבולת שועל

musli

מוזלי

kukuruzne pahuljice

קורנפלקס

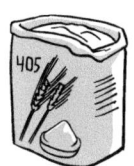

brašno

קמח

roščić

קרואסון

pecivo

לחמנייה

kruh

לחם

toast

טוסט

keksi

עוגיות

maslac

חמאה

svježi sir

גבינה לבנה

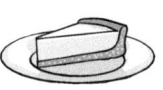

kolač

עוגה

jaje

ביצה

jaje na oko

ביצת עין

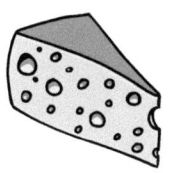

sir

גבינה

sladoled

גלידה

šećer

סוכר

med

דבש

marmelada

ריבה

nugat krema

ממרח נוגט

curry

קארי

# seosko gazdinstvo

# חווה

sjenik
אסם
bale sijena
חבילת שחת
polje
שדה
konj
סוס
prikolica
עגלת נגרר
traktor
טרקטור
ždrijebe
סייח
magarac
חמור
ovca
כבש
lane
טלה

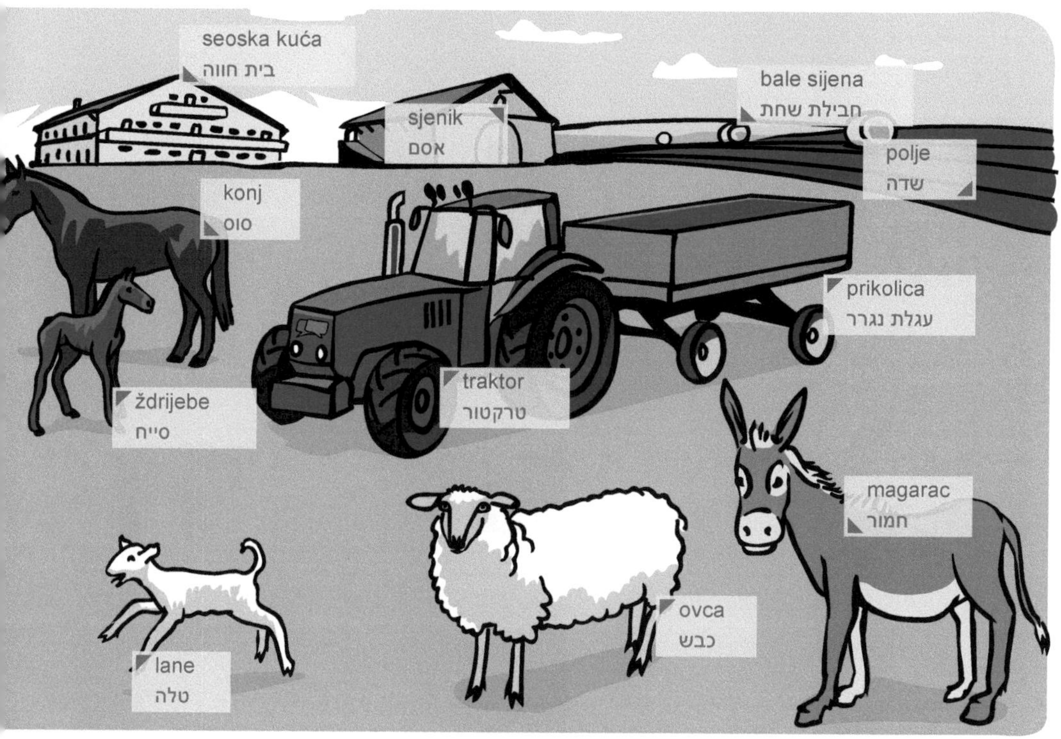

koza
עז

krava
פרה

tele
עגל

svinja
חזיר

prase
חזרזיר

bik
שור

guska

אווז

patka

ברווז

pilići

אפרוח

kokoš

תרנגולת

pijetao

תרנגול

pacov

חולדה

mačka

חתול

miš

עכבר

vol

שור

pas

כלב

kućica za psa

מלונה

vrtno crijevo

צינור השקיה

kanta za polijevanje

קנקן מים

kosa

חרמש

plug

מחרשה

srp

מגל

motika

מגרפה

vilica za gnojivo

קלשון

sjekira

גרזן

tačke

מריצה

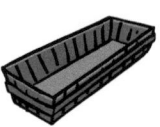

korito

שוקת

posuda za mlijeko

כד חלב

vreća

שק

ograda

גדר

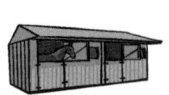

štala

אורווה

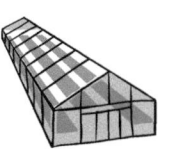

staklenik

חממה

zemlja

אדמה

sjeme

זרע

gnojivo

דשן

kombajn

מקצרה

žanjati

קצר

žetva

קציר

yams začin

בטטה אפריקנית

pšenica

חיטה

soja

סויה

krumpir

תפוח אדמה

kukuruz

תירס

uljana repica

קנולה

voćka

עץ פירות

gomolj manioke

קסבה

žitarice

דגנים

# kuća

# בית

dimnjak
ארובה
krov
גג
žlijeb
מרזב
prozor
חלון
garaža
מוסך
zvono
פעמון
vrata
דלת
korpa za otpad
פח אשפה
poštansko sanduče
תיבת מכתבים
vrt
גינה

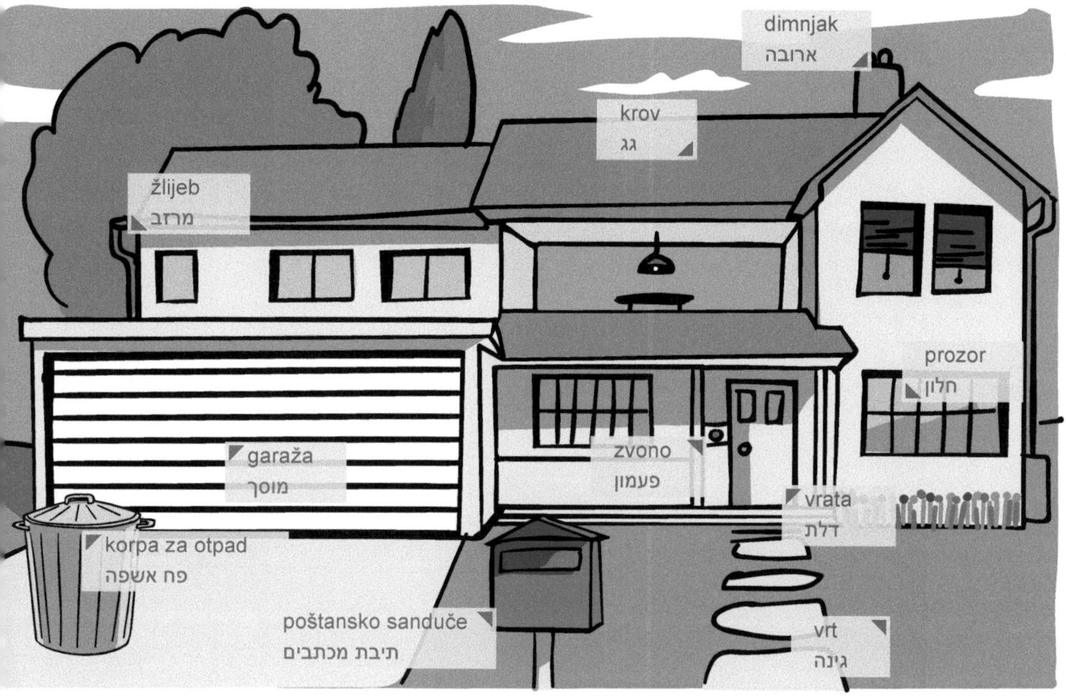

dnevna soba

סלון

kupaonica

חדר אמבטיה

kuhinja

מטבח

spavaća soba

חדר שינה

dječija soba

חדר ילדים

trpezarija

חדר אוכל

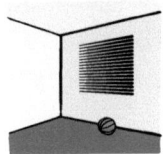

pod

רצפה

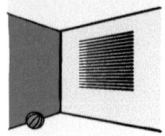

zid

קיר

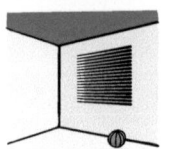

strop

תקרה

podrum

מרתף

sauna

סאונה

balkon

מרפסת

terasa

מרפסת

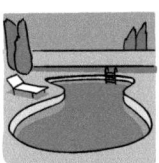

bazen

בריכה

kosilica za travu

מכסחת דשא

posteljina za krevet

סדין

deka za krevet

כיסוי מיטה

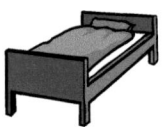

krevet

מיטה

metla

מטאטא

kanta

דלי

sklopka

מפסק

# dnevna soba
# סלון

tapeta
טפט
slika
תמונה
svjetiljka
מנורה
regal
מדף
ormar
ארון
televizija
טלוויזיה
kamin
אח
cvijet
פרח
jastuk
כרית
kauč
ספה
vaza
אגרטל
daljinski upravljač
שלט רחוק

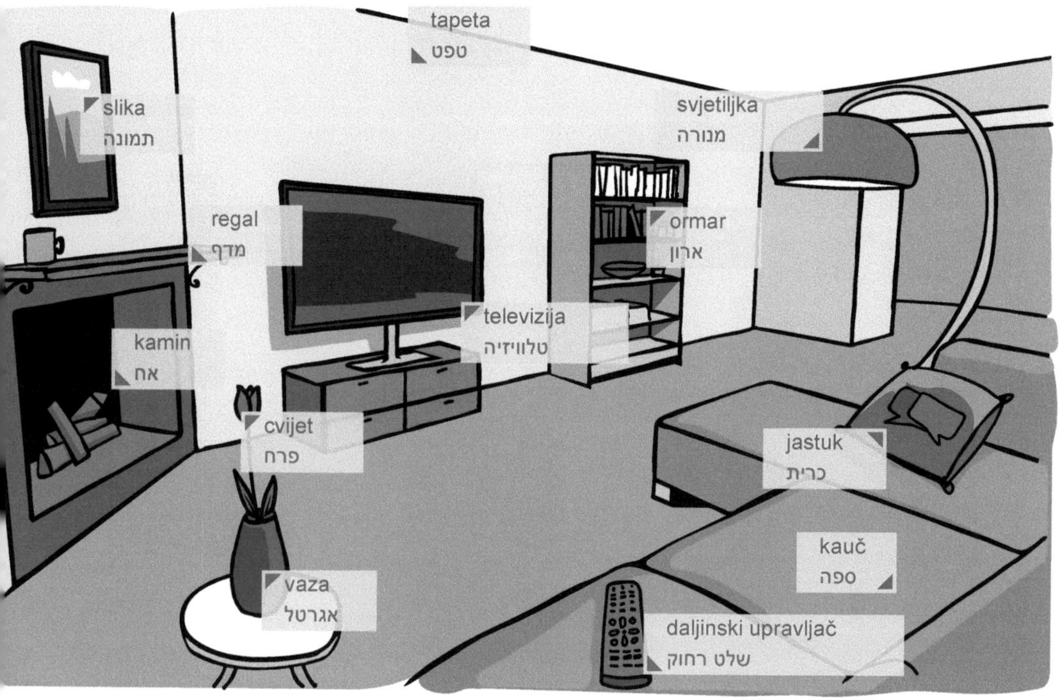

tepih
שטיח

zavjesa
וילון

stol
שולחן

stolica
כסא

stolica za njihanje
כיסא נדנדה

fotelja
כורסה

knjiga

ספר

deka

שמיכה

dekoracija

דקורציה

drvo za ogrjev

עצי הסקה

film

סרט

stereo uređaj

מערכת סטריאו

ključ

מפתח

novine

עיתון

slika na platnu

ציור

poster

פוסטר

radio

רדיו

blok za pisanje

מחברת

usisavač

שואב אבק

kaktus

קקטוס

svijeća

נר

# kuhinja
# מטבח

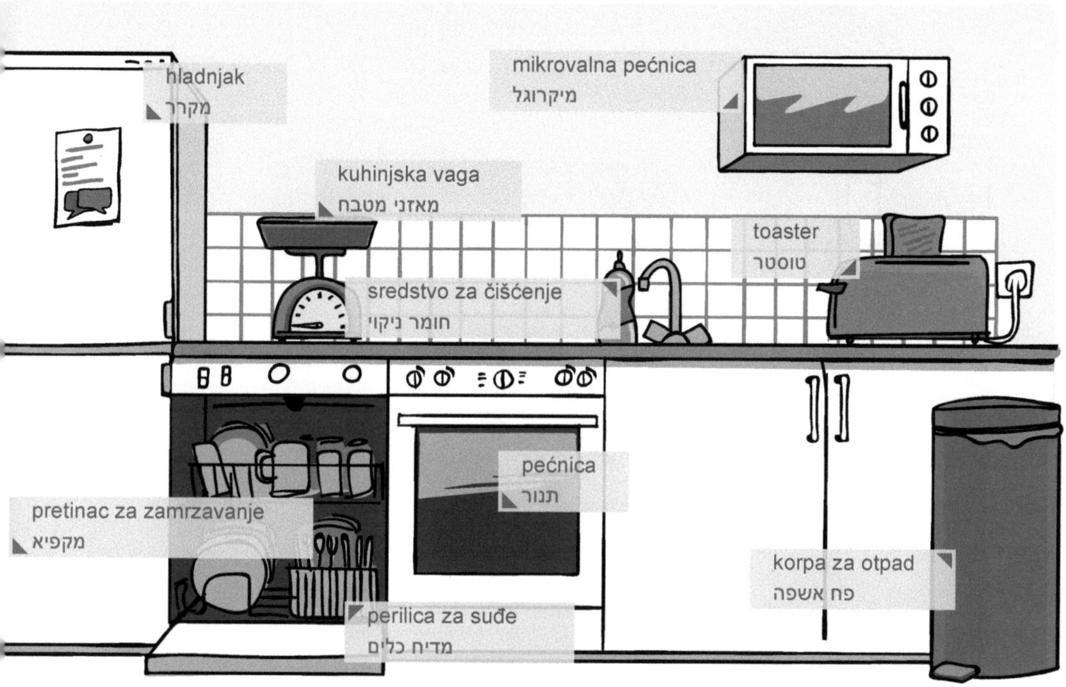

hladnjak
מקרר
mikrovalna pećnica
מיקרוגל
kuhinjska vaga
מאזני מטבח
toaster
טוסטר
sredstvo za čišćenje
חומר ניקוי
pećnica
תנור
pretinac za zamrzavanje
מקפיא
korpa za otpad
פח אשפה
perilica za suđe
מדיח כלים


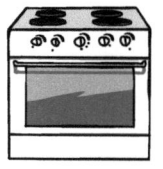

štednjak

תנור

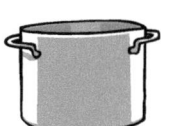

lonac

סיר

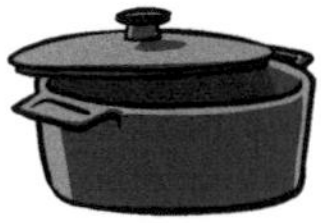

željezni lonac

סיר ברזל

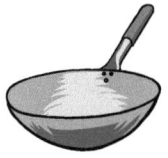

wok / kadai

ווק

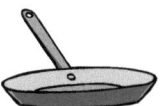

tava

מחבת

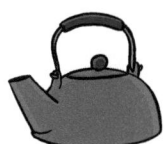

kuhalo za vodu

קומקום חשמלי

kuhalo na paru

מאדה

lim za pečenje

מגש אפייה

posuđe

כלי אוכל

čaša

ספל

zdjela

קערה

štapići za jelo

צ'ופסטיקס

kutljača

מצקת

lopatica

מרית

pjenjača

מטרפה

sito za kuhanje

מסננת בישול

sito

מסננת

ribež

מגרדת

mužar

מכתש

roštilj

גריל

ognjište

מדורה

daska

קרש חיתוך

oklagija

מערוך

vadičep

פותחן פקקים

konzerva

פחית

otvarač konzervi

פותחן קופסאות

krpa za lonac

מטלית

sudoper

כיור

četka

מברשת

spužva

ספוג

mikser

בלנדר

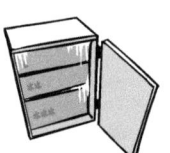

zamrzivač

מקפיא

bočica za bebe

בקבוק לתינוק

slavina za vodu

ברז

# kupaonica

## חדר אמבטיה

grijanje
חימום
ručnik
מגבת
tuš
מקלחת
zavjesa za tuš
וילון מקלחת
pjenušava kupka
אמבטיית קצף
kada
אמבטיה
čaša
כוס
perilica za rublje
מכונת כביסה
slavina za vodu
ברז
pločice
אריחים
dječja kahlica
סיר לילה
sudoper
כיור

toalet

אסלה

čučavac

אסלת כריעה

bidet

בידה

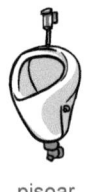

pisoar

משתנה

papir za toalet

נייר טואלט

četka za toalet

מברשת אסלה

četkica za zube

מברשת שיניים

pasta za zube

משחת שיניים

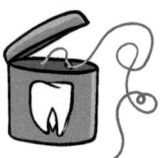

konac za zube

חוט דנטלי

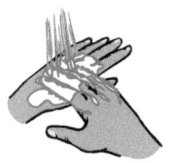

prati

שטף

tuš ručica

מקלחת יד

tuš za pranje intimnih dijelova

צינור שטיפה לשירותים

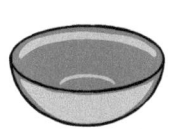

lavor

קערת רחצה

četka za pranje leđa

מברשת גב

sapun

סבון

gel za tuširanje

ג'ל רחצה

šampon

שמפו

krpa za pranje

ליפה

odvod

ניקוז

krema

קרם

dezodorans

דיאודורנט

ogledalo

..................

מראה

kozmetičko ogledalo

..................

מראת יד

brijač

..................

סכין גילוח

pjena za brijanje

..................

קצף גילוח

losion za poslije brijanja

..................

אפטרשייב

češalj

..................

מסרק

četka

..................

מברשת

sušilo za kosu

..................

מייבש שיעור

sprej za kosu

..................

ספריי לשיער

makeup

..................

איפור

ruž za usne

..................

שפתון

lak za nokte

..................

לק

vata

..................

צמר גפן

škare za nokte

..................

מספריים לציפורניים

parfem

..................

בושם

neseser

תיק כלי רחצה

stolica

שרפרף

vaga

משקל

ogrtač

חלוק רחצה

rukavice za čišćenje

כפפות גומי

tampon

טמפון

uložak

תחבושת סניטרית

kemijski toalet

שירותים כימיקליים

# dječija soba
## חדר ילדים

budilnik
שעון מעורר
plišana igračka
צעצוע חיבוק
auto igračka
מכונית צעצוע
zvečka
רעשן
kućica za lutke
בית בובות
poklon
מתנה

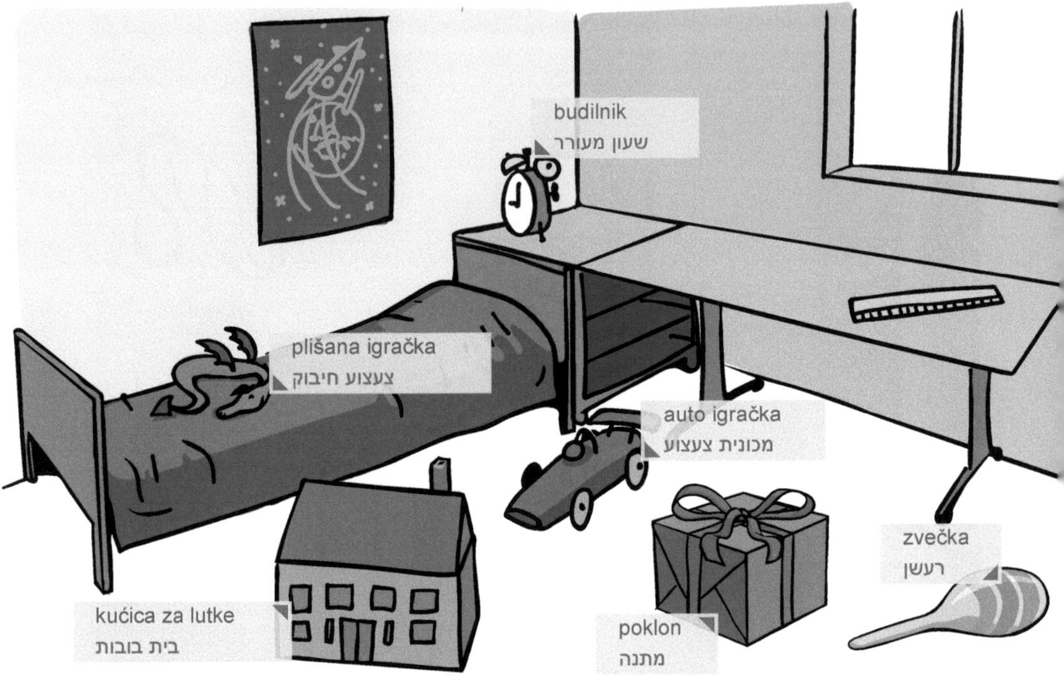

balon

בלון

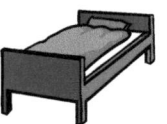

krevet

מיטה

dječija kolica

עגלה

igra s kartama

משחק קלפים

slagalica

פאזל

strip

קומיקס

lego kockice

לגו

kockice za slaganje

קוביות משחק

akcioni junak

דמות משחק

kombinezon za bebe

סרבל תינוקות

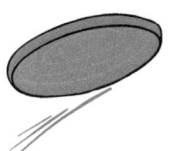

frizbi

פריזבי

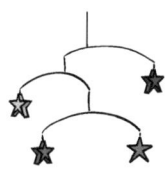

viseće igračke

נייד

društvene igre

משחק לוח

kocka

קוביה

minijaturna željeznica

רכבת צעצוע

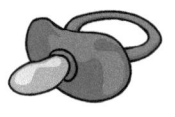

duda

מוצץ

tulum

מסיבה

slikovnica

אלבום תמונות

lopta

כדור

lutka

בובה

igrati

שיחק

pješčanik

ארגז חול

ljuljačka

נדנדה

igračka

צעצועים

konzola za igre

קונסולת משחקים

tricikl

אופניים תלת גלגלי

plišani medo

דובון

ormar

ארון בגדים

## odjeća

## בגדים

kratke čarape

גרביים

čarape

גרביונים

hulahopke

גרביון

šal
צעיף

kišobran
מטריה

t-shirt
חולצת טי

kaiš
חגורה

čizme
מגפיים

patike
נעלי ספורט

papuče
נעלי בית

sandale

סנדלים

cipele

נעליים

gumene čizme

מגפי גומי

gaćice

תחתונים

grudnjak

חזייה

potkošulja

וסט

bodi

גוף

hlače

מכנסיים

džins

ג'ינס

haljina

חצאית

bluza

חולצה מכופתרת

košulja

חולצה

džemper

אפודה

pulover s kapuljačom

סווצ'ר עם קפוצ'ון

blejzer

בלייזר

jakna

ז'קט

kaput

מעיל

kabanica

מעיל גשם

kostim

תלבושת

haljina

שמלה

vjenčanica

שמלת כלה

odijelo

חליפה

spavaćica

כותונת לילה

pidžama

פיג'מה

sari

סארי

rubac

מטפחת ראש

turban

טורבן

burka

בורקה

kaftan

קאפטן

abaja

עבאיה

kupaći kostim

בגד ים

kupaće gaćice

בגד ים

kratke hlače

מכנסיים קצרים

odjeća za trening

בגד אימון

pregača

סינר

rukavice

כפפות

gumb

כפתור

naočale

משקפיים

narukvica

צמיד יד

ogrlica

שרשרת

prsten

טבעת

naušnica

עגיל

kapa

כובע

vješalica

קולב

šešir

כובע

kravata

עניבה

patent zatvarač

רוכסן

kaciga

קסדה

naramenice

כתפיות

školska uniforma

תלבושת בית ספר

uniforma

מדים

podbradak

מפית אוכל

duda

מוצץ

pelena

חיתול

## ured

## משרד

server
שרת

ormar za spise
תיקייה

papir
נייר

pisač
מדפסת

monitor
מסך

pisaći stol
שולחן עבודה

miš
עכבר

mapa
תיק

tipkovnica
מקלדת

košara za papir
סל נייר

stolica
כסא

računar
מחשב

šalica za kavu

ספל קפה

kalkulator

מחשבון

internet

אינטרנט

laptop

מחשב נייד

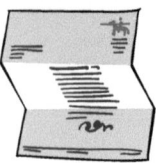

pismo

מכתב

poruka

הודעה

mobilni telefon

נייד

mreža

רשת

uređaj za kopiranje

מכונת צילום

softver

תוכנה

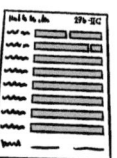

telefon

טלפון

utičnica

שקע

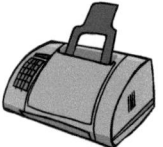

faks

פקס

obrazac

טופס

dokument

מסמך

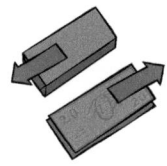

kupovati

קנה

platiti

שילם

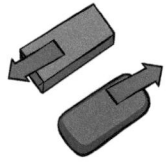

trgovati

סחר

novac

כסף

dolar

דולר

euro

יורו

jen

ין

rubalj

רובל

švicarski franak

פרנק שווייצרי

renmindbi yuan

יואן רנמינבי

rupija

רופי

automat za novac

כספומט

mjenjačnica

המרת מטבע

zlato

זהב

srebro

כסף

nafta

נפט

energija

אנרגיה

cijena

מחיר

ugovor

חוזה

porez

מס

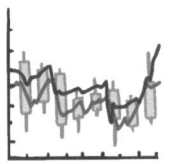

dionica

מנייה

raditi

עבד

službenik

עובד

poslodavac

מעסיק

tvornica

מפעל

prodavaonica

חנות

# zanimanja

# מקצועות

policajac
שוטר
vatrogasac
כבאי
kuhar
טבח
liječnik
רופא
pilot
טייס

vrtlar

גנן

stolar

נגר

krojačica

תופרת

sudija

שופט

kemičar

כימאי

glumac

שחקן

vozač autobusa

נהג אוטובוס

vozač taksija

נהג מונית

ribar

דייג

čistačica

עובדת נקיון

krovopokrivač

מתקן גגות

konobar

מלצר

lovac

צייד

slikar

צייר

pekar

אופה

električar

חשמלאי

građevinski radnik

עובד בניין

inženjer

מהנדס

mesar

קצב

limar

אינסטלטור

poštar

דוור

vojnik

חייל

arhitekta

אדריכל

blagajnik

קופאי

cvjećar

מוכר פרחים

frizer

ספר

kondukter

כרטיסן

mehaničar

מכונאי

kapetan

קברניט

zubar

רופא שיניים

znanstvenik

מדען

rabi

רב

imam

אימאם

monah

נזיר

svećenik

כומר

# alati

# כלי עבודה

čekić
פטיש
kliješta
צבת
odvijač
מברג
ključ za vijke
מפתח ברגים
džepna svjetiljka
פנס

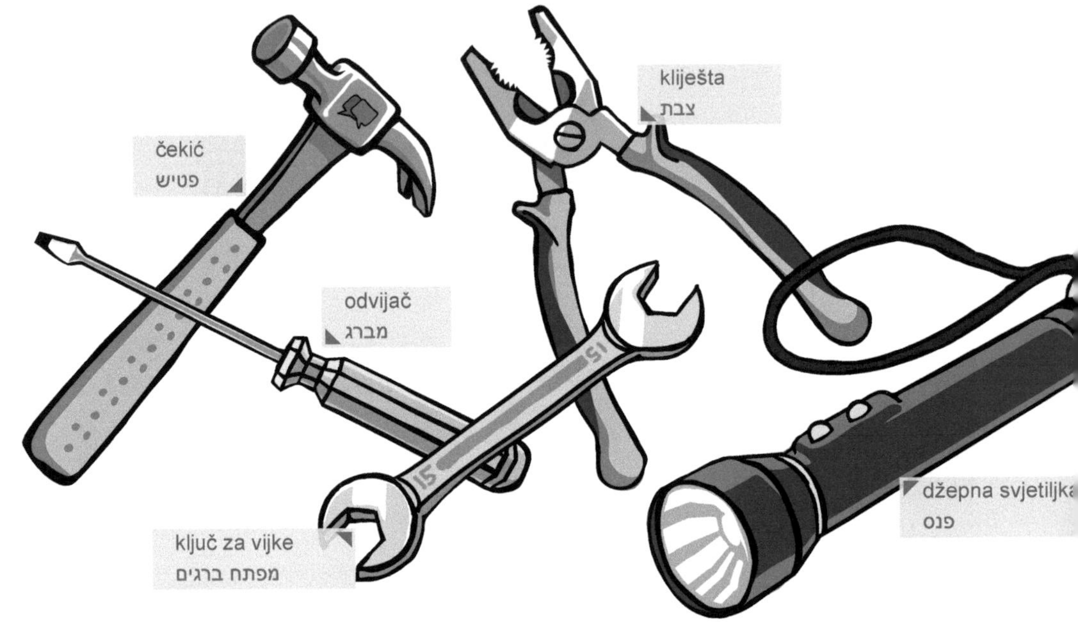

rovokopač

דחפור

kutija za alat

ארגז כלים

ljestve

סולם

pila

מסור

ekser

מסמרים

bušilica

מקדחה

**popraviti**

תיקן

**lopata**

את חפירה

**Sranje!**

לעזאזל!

**lopatica**

יעה

**lonac za boju**

פח צבע

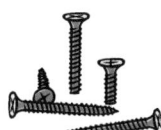

**vijci**

ברגים

# glazbeni instrument

## כלי נגינה

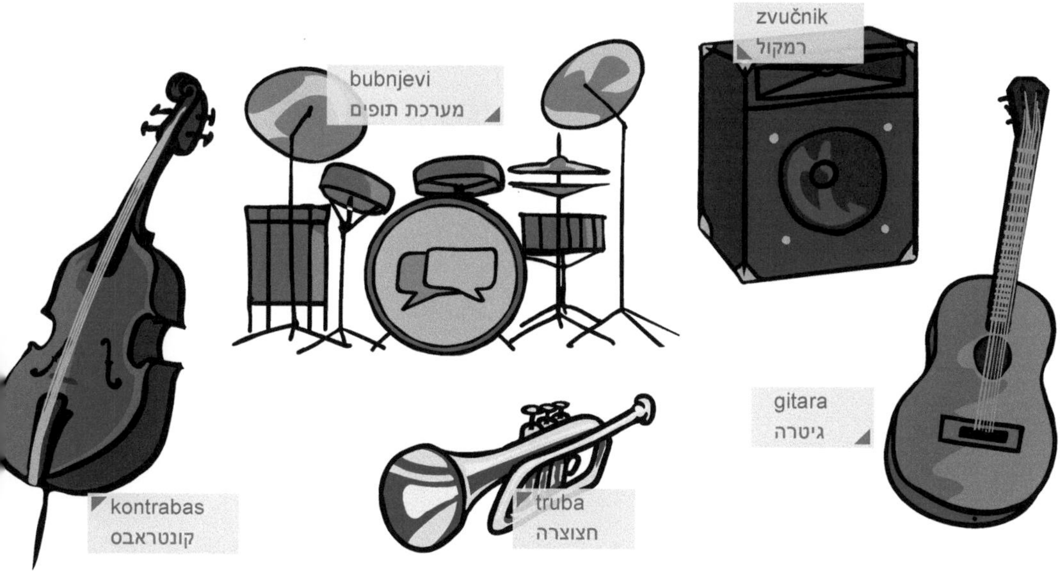

zvučnik
רמקול

bubnjevi
מערכת תופים

gitara
גיטרה

kontrabas
קונטראבס

truba
חצוצרה

klavir

פסנתר

violina

כינור

bas

בס

timpani

תוף הדוד

udaraljke za bubnjeve

תופים

keyboard

מקלדת פסנתר

saksofon

סקסופון

flauta

חליל

mikrofon

מיקרופון

# zoološki vrt

## גן חיות

ulaz
כניסה
tigar
נמר
kavez
כלוב
zebra
זברה
hrana za životinje
מזון לחיות
panda
פנדה

životinje

בעלי חיים

slon

פיל

kengur

קנגרו

nosorog

קרנף

gorila

גורילה

medvjed

דוב

kamila

גמל

noj

יען

lav

אריה

majmun

קוף

flamingo

פלמינגו

papagaj

תוכי

polarni medvjed

דוב הקרח

pingvin

פינגווין

ajkula

כריש

paun

טווס

zmija

נחש

krokodil

תנין

čuvar u zoološkom vrtu

שומר גן החיות

tuljan

כלב ים

jaguar

יגואר

poni

סוס פוני

leopard

לאופרד

nilski konj

היפופוטאם

žirafa

ג'ירפה

orao

נשר

divlja svinja

חזיר בר

riba

דג

kornjača

צב

morž

סוס ים

lisica

שועל

gazela

איילה

# šport

# ספורט

američki nogomet
פוטבול אמריקאי
biciklizam
רכיבת אופניים
tenis
טניס
košarka
כדורסל
plivanje
boks
אגרוף
hockey na ledu
הוקי

nogomet

כדורגל

badminton

בדמינטון

atletika

אתלטיקה

rukomet

כדור-יד

skijanje

עשה סקי

polo

פולו

skočiti
קפץ

smijati se
צחק

zagrliti
חיבק

ići
הלך

pjevati
שר

sanjati
חלם

moliti se
התפלל

poljubiti
נשק

pisati
................
כתב

crtati
................
צייר

pokazati
................
הראה

gurati
................
דחף

dati
................
נתן

uzeti
................
לקח

**imati**

יש / להיות הבעלים

**činiti**

עשה

**biti**

היה

**stojati**

עמד

**trčati**

רץ

**povlačiti**

משך

**baciti**

זרק

**padati**

נפל

**ležati**

שכב

**čekati**

חיכה

**nositi**

סחב

**sjediti**

ישב

**oblačiti**

התלבש

**spavati**

ישן

**probuditi se**

התעורר

gledati

הסתכל ב-

plakati

בכה

milovati

ליטף

češljati

סירק

govoriti

דיבר

razumjeti

הבין

pitati

שאל

slušati

שמע

piti

שתה

jesti

אכל

pospremiti

סידר

voljeti

אהב

kuhati

בישל

voziti

נהג

letjeti

עף

ploviti

שט

računati

חישב

čitati

קרא

učiti

למד

raditi

עבד

vjenčati se

התחתן

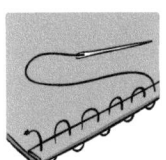

šiti

תפר

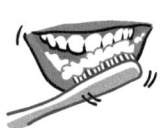

prati zube

ציחצח שיניים

ubiti

הרג

pušiti

עישן

poslati

שלח

# obitelj

# משפחה

baka
סבתא
djed
סבא
otac
אבא
majka
אימא
beba
תינוק
kćerka
בת
sin
בן

gost

אורח

tetka

דודה

ujak, stric

דוד

brat

אח

sestra

אחות

# tijelo

## גוף

čelo
מצח
oko
עין
lice
פנים
brada
סנטר
grudi
חזה
prst
אצבע
ruka
כף יד
ruka
זרוע
rame
כתף
noga
רגל

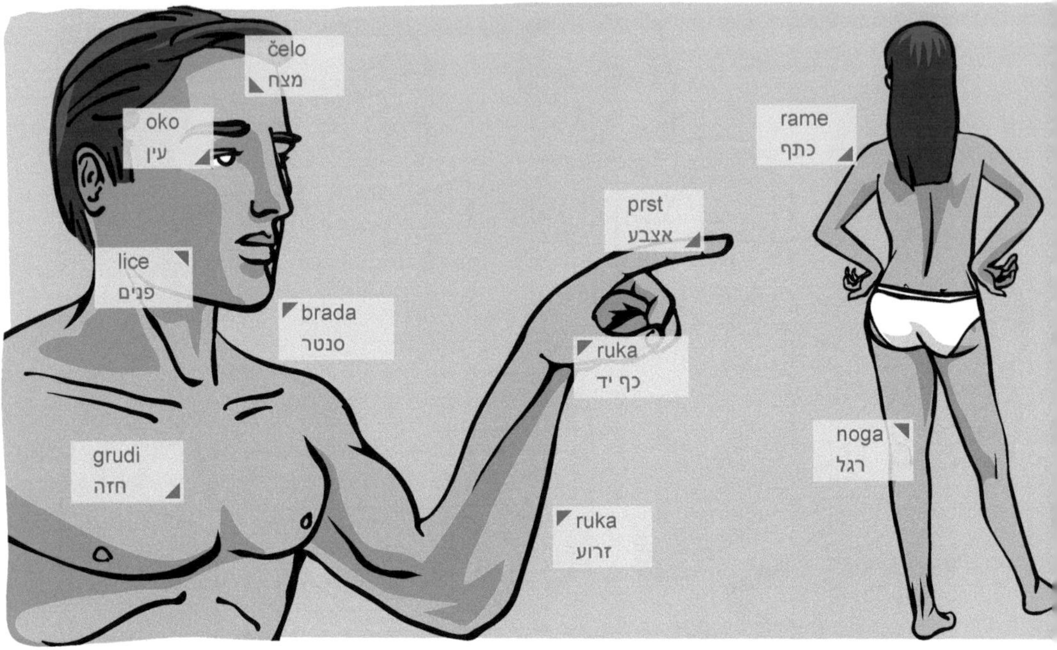

beba
תינוק

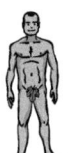

muškarac
איש

žena
אישה

djevojčica
ילדה

dječak
ילד

glava
ראש

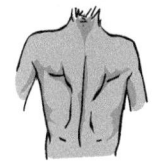

leđa
......................
גב

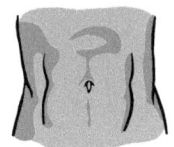

trbuh
......................
בטן

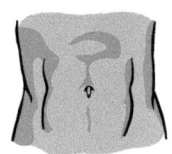

pupak
......................
טבור

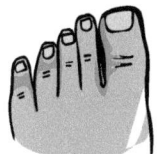

nožni prst
......................
אצבע

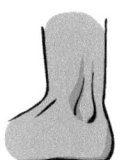

peta
......................
עקב

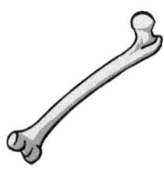

kost
......................
עצם

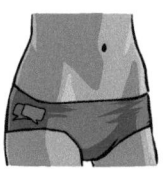

kuk
......................
ירך

koljeno
......................
ברך

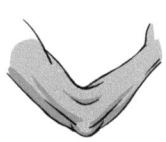

lakat
......................
מרפק

nos
......................
אף

stražnjica
......................
עכוז

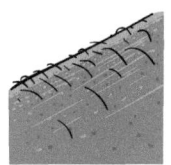

koža
......................
עור

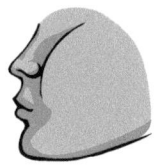

obraz
......................
לחי

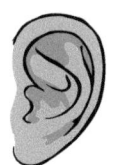

uho
......................
אוזן

usna
......................
שפתיים

usta

פה

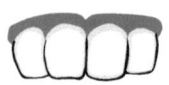

zub

שן

jezik

לשון

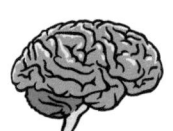

mozak

מוח

srce

לב

mišić

שריר

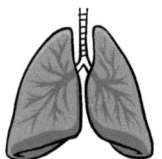

pluća

ריאה

jetra

כבד

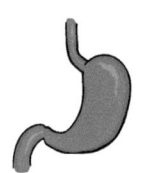

želudac

קיבה

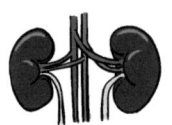

bubrezi

כליות

snošaj

מין

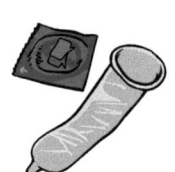

kondom

קונדום

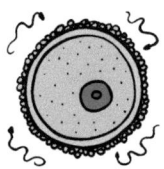

jajna stanica

ביצית

sperma

זרע

trudnoća

הריון

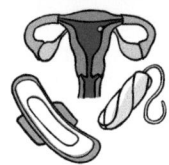

menstruacija

ווסת

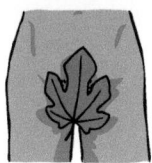

vagina

נרתיק

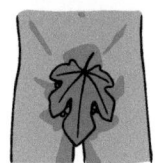

penis

פין

obrva

גבה

kosa

שיער

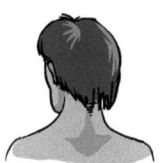

vrat

צוואר

# bolnica

# בית חולים

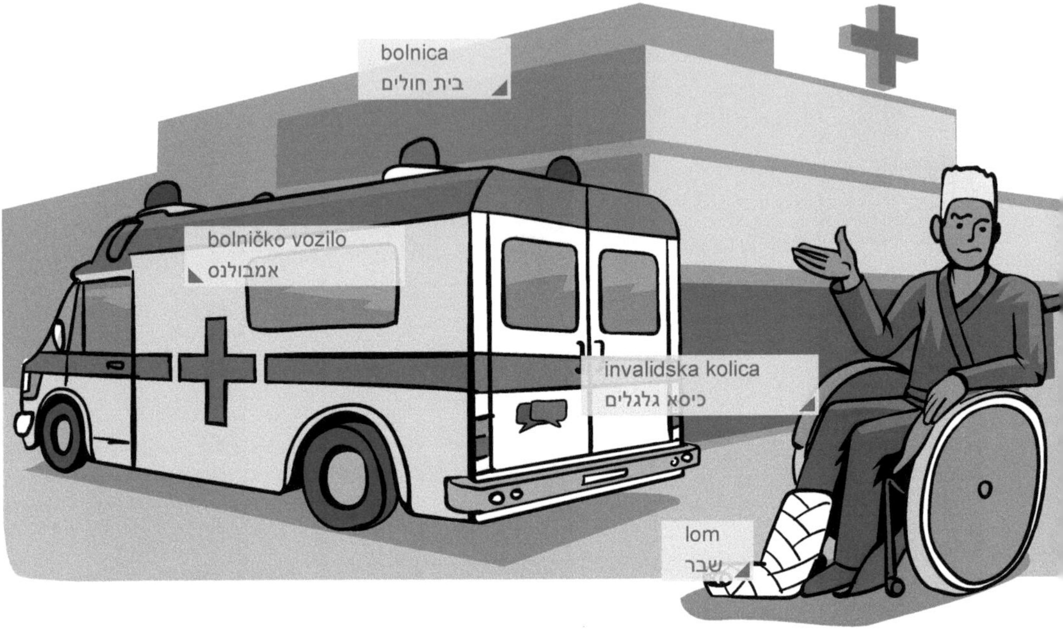

bolnica
בית חולים
bolničko vozilo
אמבולנס
invalidska kolica
כיסא גלגלים
lom
שבר

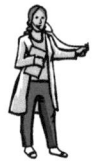

liječnik

רופא

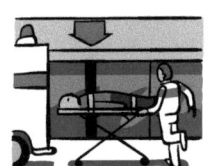

hitna medicinska služba

חדר מיון

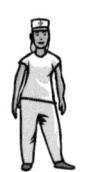

medicinska sestra

אחות

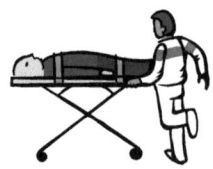

hitni slučaj

חירום

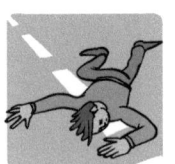

nesvijest

חסר הכרה

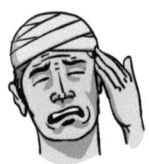

bol

כאב

ozljeda

פציעה

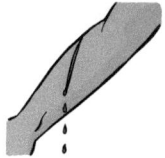

krvarenje

דימום

srćani infarkt

התקף לב

moždani udar

שבץ

alergija

אלרגיה

kašalj

שיעול

groznica

חום

gripa

שפעת

proljev

שלשול

glavobolja

כאב ראש

rak

סרטן

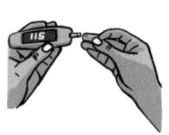

dijabetes

סוכרת

kirurg

מנתח

skalpel

אזמל

operacija

ניתוח

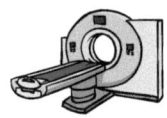

ct

סי-טי

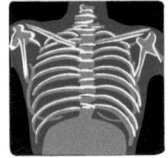

rentgen

רנטגן

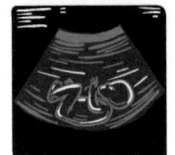

ultrazvuk

אולטרסאונד

maska

מסיכת פנים

bolest

מחלה

čekaonica

חדר המתנה

štaka

קבה

flaster

פלסטר

zavoj

תחבושת

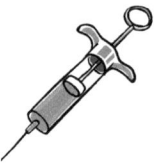

injekcija

זריקה

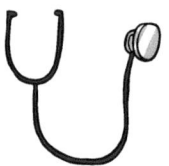

stetoskop

סטטוסקופ

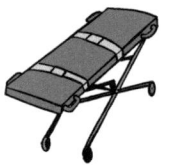

nosilo

אלונקה

termometar

מד חום

rođenje

לידה

prekomjerna težina

עודף משקל

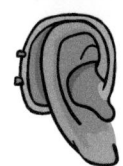

slušni aparat

מכשיר שמיעה

sredstvo za dezinfekciju

מחטא

infekcija

זיהום

virus

נגיף

hiv / sida

איידס

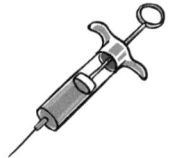

medicina

תרופה

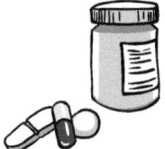

vakcinacija

חיסון

tablete

טבליות

pilula

גלולה

poziv u pomoć

קריאת חירום

uređaj za mjerenje tlaka

מד לחץ דם

bolesno / zdravo

חולה / בריא

# hitni slučaj

## חירום

pomoć!

הצילו!

alarm

אזעקה

nasrtaj

פשיטה

napad

תקיפה

opasnost

סכנה

izlaz za nuždu

יציאת חירום

požar!

אש!

vatrogasni aparat

מטף כיבוי

nezgoda

תאונה

kofer prve pomoći

ערכת עזרה ראשונה

sos

הצילו!

policija

משטרה

# zemlja
# כדור הארץ

Europa

אירופה

sjeverna amerika

צפון אמריקה

južna amerika

דרום אמריקה

Afrika

אפריקה

Azija

אסיה

Australija

אוסטרליה

Atlantik

האוקיינוס האטלנטי

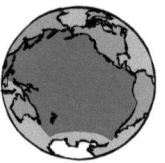

Pacifik

האוקיינוס השקט

ocean

האוקיינוס ההודי

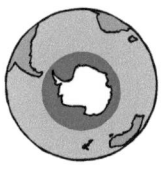

antarktički ocean

האוקיינוס האנטרקטי

arktički ocean

האוקיינוס הארקטי

sjeverni pol

הקוטב הצפוני

južni pol

הקוטב הדרומי

Antarktik

אנטארקטיקה

zemlja

כדור הארץ

zemlja

אדמה

more

ים

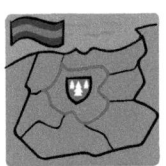

otok

אי

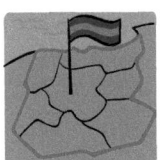

nacija

לאום

država

מדינה

# sat

## שעון

brojčanik sata

פני השעון

satna kazaljka

מחוג השעות

minutna kazaljka

מחוג הדקות

sekundna kazaljka

מחוג השניות

Koliko je sati?

?מה השעה

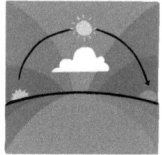

dan

יום

vrijeme

זמן

sada

עכשיו

digitalni sat

שעון דיגיטלי

minuta

דקה

sat

שעה

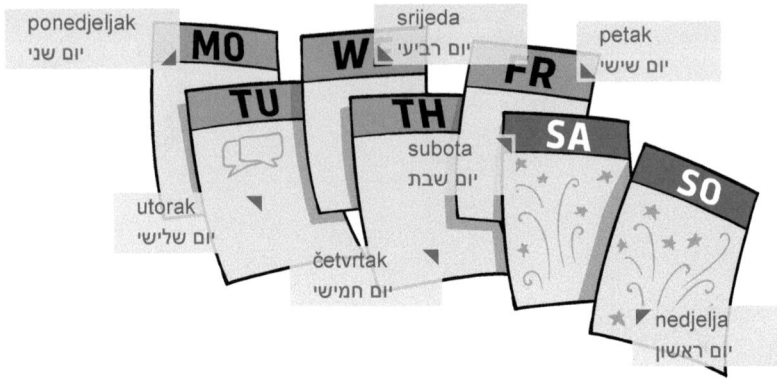

# tjedan

## שבוע

ponedjeljak
יום שני
srijeda
יום רביעי
petak
יום שישי
subota
יום שבת
utorak
יום שלישי
četvrtak
יום חמישי
nedjelja
יום ראשון

jučer

אתמול

danas

היום

sutra

מחר

jutro

בוקר

podne

צהריים

večer

ערב

radni dani

ימי עבודה

vikend

סוף שבוע

# godina
## שנה

kiša
גשם
duga
קשת בענן
snijeg
שלג
vjetar
רוח
proljeće
אביב
jesen
סתיו
ljeto
קיץ
zima
חורף


4.APRIL 11°
5.APRIL 4°
6.APRIL 13°
7.APRIL 8°
8.APRIL 10°


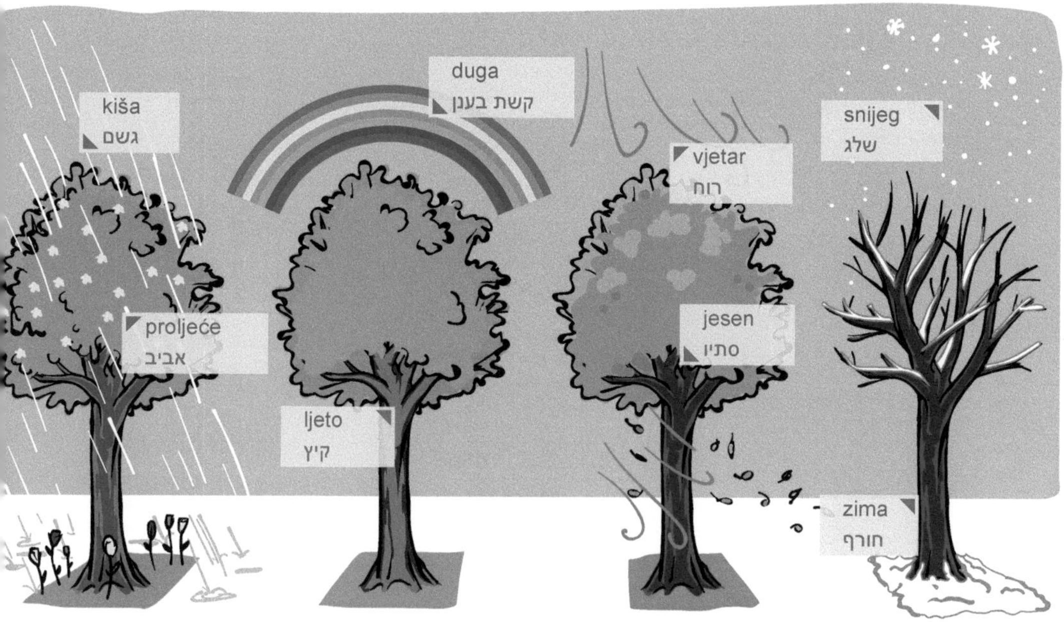

meteorološka prognoza

תחזית מזג האוויר

F C
120 40
90 30
60 20
30 10
0 0
-30 -10
-20


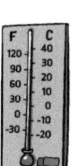

termometar

מד חום

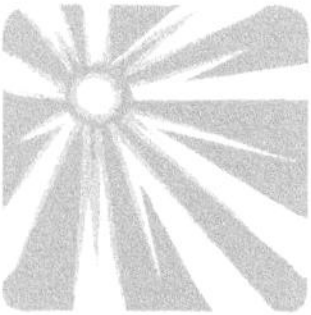

sunčana svjetlost

אור שמש

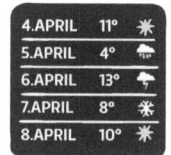

oblak

ענן

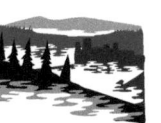

magla

ערפל

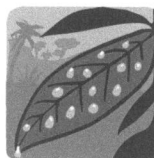

vlažnost zraka

לחות

munja

ברק

grmljavina

רעם

oluja

סערה

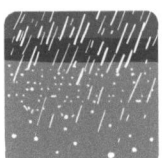

tuča

ברד

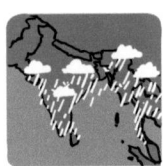

monsun

רוח עונתי

poplava

שיטפון

led

קרח

siječanj

ינואר

veljača

פברואר

ožujak

מרץ

travanj

אפריל

svibanj

מאי

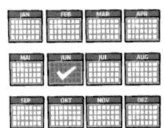

lipanj

יוני

srpanj

יולי

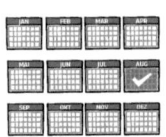

kolovoz

אוגוסט

82     **godina** - שנה

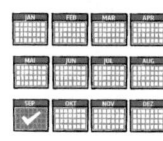

rujan

ספטמבר

listopad

אוקטובר

studeni

נובמבר

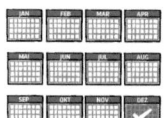

prosinac

דצמבר

## oblici

## צורות

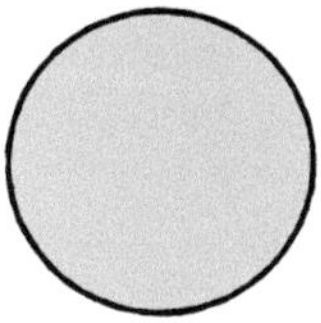

krug

עיגול

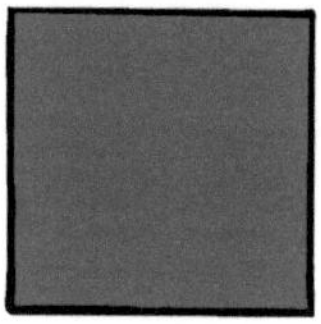

kvadrat

מרובע

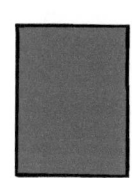

pravokutnik

מלבן

trokut

משולש

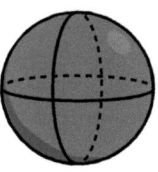

kugla

כדור

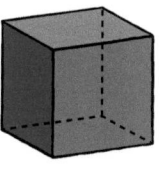

kocka

קובייה

# boje

## צבעים

bijela

לבן

žuta

צהוב

narančasta

כתום

ružičasta

ורוד

crvena

אדום

ljubičasta

סגול

plava

כחול

zelena

ירוק

smeđa

חום

siva

אפור

crna

שחור

mnogo / malo

הרבה / מעט

ljutito / mirno

כועס / רגוע

lijepo / ružno

יפה / מכוער

početak / kraj

התחלה / סוף

veliko / maleno

גדול / קטן

svijetlo / tamno

בהיר / כהה

brat / sestra

אח / אחות

čisto / prljavo

נקי / מלוכלך

potpuno / nepotpuno

שלם / חלקי

dan / noć

יום /לילה

mrtvo / živo

מת / חי

široko / usko

רחב / צר

jestivo / nejestivo

אכיל / לא אכיל

zlo / dobro

רשע / טוב לב

uzbuđeno / dosadno

מתרגש / משועמם

debelo / mršavo

שמן / רזה

na početku / na kraju

ראשון / אחרון

prijatelj / neprijatelj

חבר / אויב

puno / prazno

מלא / ריק

tvrdo / mekano

קשה / רך

teško / lagano

כבד / קל

glad / žeđ

רעב / צמא

bolesno / zdravo

חולה / בריא

ilegalno / legalno

בלתי-חוקי / חוקי

pametno / glupo

נבון / טיפש

lijevo / desno

שמאל / ימין

blizu / daleko

קרוב / רחוק

novo / rabljeno

חדש / משומש

ništa / nešto

כלום / משהו

staro / mlado

זקן / צעיר

uključeno / isključeno

פעיל / כבוי

otvoreno / zatvoreno

פתוח / סגור

tiho / glasno

שקט / רועש

bogato / siromašno

עשיר / עני

točno / pogrešno

נכון / שגוי

hrapavo / glatko

מחוספס / חלק

tužno / sretno

עצוב / שמח

kratko / dugo

קצר / ארוך

polako / brzo

איטי / מהיר

mokro / suho

רטוב / יבש

toplo / hladno

חם / קר

rat / mir

מלחמה / שלום

# brojevi
# מספרים

| | | |
|---|---|---|
| 0 | 1 | 2 |
| nula | jedan | dva |
| אפס | אחת | שתיים |
| 3 | 4 | 5 |
| tri | četiri | pet |
| שלוש | ארבע | חמש |
| 6 | 7 | 8 |
| šest | sedam | osam |
| שש | שבע | שמונה |
| 9 | 10 | 11 |
| devet | deset | jedanaest |
| תשע | עשר | אחת-עשרה |

## 12
dvanaest

שתים-עשרה

## 13
trinaest

שלוש-עשרה

## 14
četrnaest

ארבע-עשרה

## 15
petnaest

חמש-עשרה

## 16
šestnaest

שש-עשרה

## 17
sedamnaest

שבע-עשרה

## 18
osamnaest

שמונה-עשרה

## 19
devetnaest

תשע-עשרה

## 20
dvadeset

עשרים

## 100
stotinu

מאה

## 1.000
tisuću

אלף

## 1.000.000
milijun

מיליון

# jezici

# שפות

engleski

אנגלית

američko engleski

אנגלית אמריקאית

kinesko mandarinski

סינית מנדרינית

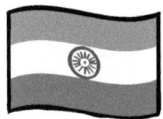

hindi

הודית

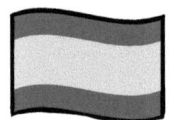

španjolski

ספרדית

francuski

צרפתית

arapski

ערבית

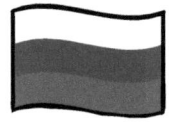

ruski

רוסית

portugalski

פורטוגזית

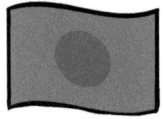

bengalski

בנגלית

njemački

גרמנית

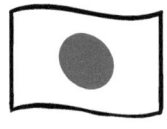

japanski

יפנית

# tko / što / kako
## מי / מה / איך

ja

אני

ti

אתה / את

on / ona / ono

הוא / היא / זה

mi

אנחנו

vi

אתם

oni

הם

tko?

מי?

što?

מה?

kako?

איך?

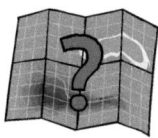

gdje?

איפה?

kada?

מתי?

ime

שם

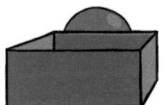

# gdje
# איפה

iza

מאחור

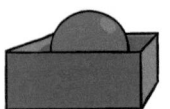

u

בתוך

ispred

לפני

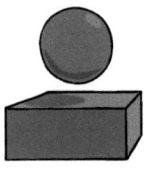

preko

מעל

na

על

ispod

מתחת

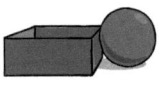

pored

ליד

između

בין

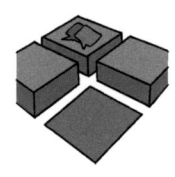

mjesto

מקום